LES

VACANCES D'UN MÉDECIN

OUVRAGES DU MÊME AUTEUR

Leçons cliniques sur les maladies de la peau. 1 volume in-8 de 700 pages... 8 fr.

Nouvelles leçons cliniques sur les maladies de la peau. 1 volume in-8 de 826 pages............................... 10 fr.

Les Vacances d'un médecin. 1re *série*. 1 volume in-12 de 261 pages... 3 fr.

4668-82. — Corbeil. Typ. et stér. Crété

LES VACANCES D'UN MÉDECIN

PAR

M. LE DR E. GUIBOUT

MÉDECIN DE L'HOPITAL SAINT-LOUIS
CHEVALIER DE LA LÉGION D'HONNEUR, ETC.

DEUXIÈME SÉRIE

UN MOIS AU DELA DES ALPES

PARIS

G. MASSON, ÉDITEUR

LIBRAIRE DE L'ACADÉMIE DE MÉDECINE

120, Boulevard Saint-Germain, en face de l'Ecole de Médecine

M DCCC LXXXII

LE MONT-CENIS

Huit heures vingt minutes du soir vont sonner à la gare de Paris-Lyon-Méditerranée, nous montons en voiture, ma chère compagne et moi; la locomotive siffle, le train part...

....O merveille de la vapeur ! le lendemain matin, nous sommes en pleine Savoie, et nos yeux charmés se promènent sur le plus ravissant paysage. Voici le lac du Bourget et son délicieux encadrement, Châtillon, l'abbaye d'Hautecombe, la fontaine intermittente, et toutes ces montagnes aux formes pittoresques et bizarres ; la dent du chat, la dent de Nivolet, dominées au loin par les glaciers d'Allevard, dont l'éternelle blancheur se détache à la fois, et de l'azur du ciel et des teintes variées de ce magnifique tableau.

Le clapotement des eaux limpides du lac, le balancement de ses vagues, les échos de ses bords sont comme autant de voix qui redisent le doux et poétique nom de Lamartine. C'est ici, sur ce rivage solitaire, que sa muse plaintive soupira ses accents les plus tendres ; ce sont ces noirs sapins, ces grottes et ces rochers saùvages, qui, les premiers, entendirent ces stances d'amour et d'ineffable mélancolie, où se reflètent avec tant de charme toutes les douleurs de l'âme, toutes les tristesses du souvenir, tous les regrets d'un bonheur emporté par le temps !

Aix-les-Bains, station thermale de premier ordre, est à l'extrémité du lac. Ses eaux, fortement sulfureuses, jaillissent à la température de 45 à 46 degrés centigrades, et fournissent, en 24 heures, l'énorme quantité de 2,895,000 litres d'eau minérale. Prises en boisson, mais surtout en bains, en douches et vaporisées, elles sont souveraines dans les cas de scrofule, d'anémie, de lymphatisme, dans les rhumatismes chroniques des muscles et des articulations. Dans les maladies de la peau, elles sont, le plus souvent, dangereuses, en raison de leur nature excitante, conséquence de leur température élevée, et de leur haut degré de minéralisation. Plus de 20,000 étrangers, malades ou touristes, affluent chaque année, pendant les mois d'été, à Aix, attirés de toutes les parties du monde par l'efficacité des eaux, par la réputation des médecins qui en dirigent l'emploi, et aussi par les appas d'un séjour où l'on trouve tous les plaisirs de la ville, au milieu de toutes les richesses d'une

nature inépuisable dans la variété de ses aspects,
tour à tour riants, sévères et grandioses.

Nous voici à Aix !.... *cinq minutes d'arrêt !*....
oh ! que ces cinq minutes nous ont été bonnes !
quelle délicieuse surprise elles nous ont ménagée !
d'excellents amis étaient là, sur le quai de la
gare, nous attendant : c'était le docteur Passant,
mon vieux camarade d'internat, en 1848, à
l'hôpital de la Charité, et aujourd'hui l'un des
médecins les mieux posés de Paris, le fondateur
du service médical de nuit ; sa gracieuse compagne, douée de tous les dons de l'esprit et du
cœur, était avec lui, ainsi que ses deux aimables
enfants, et leur vénérable grand'père, le type le
plus accompli de la vieille politesse française,
toujours gai, toujours jeune, malgré ses quatre-
vingts ans.

A ces bons amis s'étaient joints d'honorables
confrères, le docteur Maximin Legrand, que ses
nombreux malades d'Aix-les-Bains n'empêchent
pas d'écrire, pour l'*Union médicale*, des pages où
la science se révèle sous la forme la plus brillante ; le docteur Cazalis qui porte, avec tant de
distinction, un nom depuis longtemps cher à la
médecine ; le docteur Lhuillier qui a bien voulu
se souvenir de mes conférences à l'hôpital Saint-
Louis... Merci, nos bons amis, merci de votre
affectueux empressement à venir ainsi nous em-
brasser au passage ; merci, mes chers confrères,

de l'honneur que vous nous avez fait ; merci, chère petite Marguerite, de ton joli bouquet de fleurs des Alpes, aussi frais que l'incarnat de tes joues, et dont le parfum avait tant de suavité !....

Mais les cinq minutes sont déjà passées..... *en voiture les voyageurs de l'express !...* on crie, on court, on s'appelle ;... embrassons-nous encore une fois ; adieu, au revoir, à bientôt !.... la cloche, le sifflet donnent le signal du départ ; les mains, les mouchoirs s'agitent, et nous voilà emportés à toute vapeur.

Quel admirable pays, et comme toute cette région est féconde en trésors de vie, de force, de santé ! que de brèches on y répare ! que de maladies on y guérit ! que de ruines on y relève ! à Aix-les-Bains, on reprend une souplesse, une agilité, une vigueur que l'on n'avait plus, et on laisse les douleurs que l'on y avait apportées. A Marlioz, on modifie, on atténue les sécrétions, les angoisses et tous les dangers de l'asthme et du catarrhe bronchique. A Châsles, on corrige l'anémie, la débilitation et les désordres généraux qui accompagnent et que laissent après elles la scrofule, la tuberculose, la syphilis et qu'engendrent les excès de toutes sortes. A la Bauche jaillit, en abondance, une des eaux minérales les meilleures que l'on puisse servir sur nos tables et que l'on ne saurait trop recommander aux constitutions nerveuses et affaiblies, aux estomacs délicats et paresseux.

Nous laissons à droite le massif de la Grande-Chartreuse ; la fertile vallée du Graisivaudan, arrosée par l'Isère ; les routes d'Allevard et d'Uriage, et, par la Maurienne, nous filons à grande vitesse vers le Mont-Cenis. La vallée est resserrée entre une double chaîne de montagnes et de rochers gigantesques, dont les cîmes sont couronnées de neige. La voie ferrée s'élève par des pentes habilement ménagées, elle se replie, s'enroule, s'accroche hardiment sur le flanc des montagnes, elle en gravit les escarpements. Le pays devient de plus en plus froid, inculte et sauvage, ce ne sont de tous côtés que d'immenses amoncellements de rochers nus, toute végétation a cessé.

A une heure, nous sommes à Modane ; il faut descendre pour la douane italienne. Tout se fait de la façon la plus courtoise, les malles sont à peine ouvertes, et après ce rapide, mais toujours ennuyeux simulacre de visite, nous passons dans une grande et belle salle à manger, où l'on nous sert un excellent et copieux déjeuner, dont l'élégance et le confort sont une véritable surprise en pareil lieu.

(*Nota bene !*) — Ne négligez jamais, en voyage, l'occasion d'un bon repas, car vous ne savez pas ce que vous réserve l'avenir ; la suite de ce récit vous montrera l'importance de cette recommandation.

On part, c'est avec une admiration mêlée d'épouvante, que nous voyons le train grimper par des zigzags, et atteindre des hauteurs qui nous semblaient inaccessibles. L'énorme et puissante locomotive ne connaît pas d'obstacles ; elle côtoie les plus effroyables précipices ; elle roule et nous entraîne sur le bord d'abîmes, dont la profondeur donne le vertige ; elle continue, toujours haletante, son émouvante ascension, jusqu'à ce que, parvenue à l'ouverture du tunnel, elle s'y plonge....... au bout d'une demi-heure, nous sortons des entrailles du Mont-Cenis, nous sommes en Italie !

L'ITALIE

I

Notre objectif, pour cette première journée, était Milan ; nous y arrivons vers minuit. Pendant l'attente des bagages, de sinistres bruits circulent dans la gare : Victor Guérin, notre cousin, l'intrépide et savant explorateur de l'île de Patmos, de la Terre sainte et de la Tunisie, qui était dans le même train que nous, se rendant à Venise, pour un congrès scientifique, nous apprend que la ville est en fête, qu'il s'y fait une grande exposition artistique et industrielle, que les étrangers y affluent, que tous les hôtels sont pleins, et que nous ne trouverons de place nulle part !..... que faire ? — il faut pourtant bien, à tout prix, dîner et se coucher. Nous montons en fiacre..... — Cocher, à l'hôtel de l'Europe, sur le Corso. — Le cocher secoue la tête et nous fait comprendre que cette course est inutile. — N'importe, allez toujours, — et nous voilà inquiets et pensifs, roulants dans les rues de Milan, à peu

près désertes, à cette heure avancée de la nuit.
Nous arrivons à l'hôtel : le maître, que nous connaissions d'ancienne date, respirait le frais sur sa
porte. — Bonsoir, monsieur, nous sommes des
clients de votre hôtel; nous en avons conservé un
excellent souvenir, et nous y revenons. — Je vous
reconnais parfaitement, nous dit le Milanais, mais
je suis désolé, impossible de vous recevoir, pas
la moindre chambre. — Alors indiquez-nous un
autre hôtel. — Vous ne trouverez de place nulle
part, tous les hôtels regorgent, on refuse du monde
partout. — Donnez-nous au moins à souper, nous
n'avons pas dîné, nous mourons de faim. — Impossible, tous mes fourneaux sont éteints, toutes
mes provisions sont épuisées; il ne me reste rien,
absolument rien. — C'était carré, mais navrant;
que faire? que devenir? où aller? à quel saint
nous vouer? où, et comment trouver un gîte, à
une pareille heure?

A ce moment, un homme, un ouvrier, un
passant qui s'était arrêté auprès de notre voiture
entre en scène; il s'adresse, dans un langage inin-
telligible pour nous, au maître de l'hôtel, qui, nous
traduisant ses paroles, nous dit : — « Cet homme
vous offre d'aller coucher dans la chambre de son
patron absent, et dont il a la clé. » — Cette propo-
sition, en pleine nuit, dans une ville étrangère,
avait bien quelque chose de scabreux et de risqué;
nous l'acceptons cependant, et, conduits par cet

inconnu, nous nous engageons dans des rues sinueuses, nous entrons dans une maison de chétive apparence, et nous gravissons, dans l'obscurité la plus profonde, les trois étages d'un escalier, dont les marches craquaient sous nos pieds. Notre guide, toujours muet pour nous, puisque nous ne comprenions pas un traître mot de tout ce qu'il nous disait, nous introduit dans une chambre dont le principal meuble était un lit; il nous remet la clé, et disparaît. Vaincus par la fatigue de 27 heures de chemin de fer, médiocrement rassurés relativement à notre sécurité, dans ce logis de hasard, et insuffisamment rassasiés par le proverbe : « *qui dort dîne* », nous nous couchons.

Ventre affamé, dit-on, *n'a pas d'oreilles*, c'est une erreur, car, à peine étions-nous au lit, que nous entendons frapper à la porte de notre chambre. Nous écoutons avec anxiété...... les coups redoublent... je me lève. — Qui est là ? — Une voix d'homme me répond : « *il padrone.* » — Qui êtes-vous? que voulez-vous? — Je suis le patron de la chambre et je viens me coucher. — Mais je suis couché dans votre lit avec ma femme, et je ne puis pas vous ouvrir.... — Ouvrez, ouvrez, *signor;* — et les coups recommencent plus accentués. Que faire? fallait-il, confiants dans la solidité de la porte, soutenir un siège? cet homme, cet talien, ne pouvait-il pas être, pour nous, ce qu fut, pour l'infortunée ville de Troie, le trop fameux cheval qui la perdit? et n'allions-nous pas introduire un dangereux ennemi dans la place?

Malgré toutes ces graves raisons, j'allume et j'ouvre.... — Le nocturne visiteur avait heureusement une figure rassurante; il salue, me tend la main, et s'avance vers le lit. — *Bonsoir, signora!* — Puis il exhibe un pain, soigneusement enveloppé, qu'il portait sous son bras. — Voulez-vous manger, nous dit-il? — Volontiers, avec plaisir, répondons-nous en chœur. — Il dispose alors, sur une petite table, une bouteille de vin et trois verres, qu'il s'empresse de remplir.... — *A votre santé, signor, à votre santé, signora;* — et nous voilà tous les trois, convives de rencontre, amis improvisés, choquant les verres, et croquant, à belles dents, le pain d'une hospitalité d'aventure. Décidément, Milan avait du bon; l'ouvrier avait été notre providence, et le patron, notre corbeau d'Élie.

> Aux petits des oiseaux il donne la pâture,
> Et sa bonté s'étend sur toute la nature.

Après cette bienfaisante réfection, je me réintégrai dans le lit du patron, et lui se retira discrètement, pour y passer le reste de la nuit, dans un cabinet attenant à sa chambre.

Aussitôt éveillés, nous courons à la fenêtre, et un spectacle idéal s'offre à nos yeux ravis : par-dessus les maisons, se profilaient dans les airs,

avec une incomparable majesté, le dôme, les flèches, les mille statues et les dentelles de marbre
de la cathédrale ; un ciel du plus beau bleu d'azur,
le ciel de l'Italie, faisait ressortir leur éblouissante
blancheur, l'élégance, la richesse infinie de leurs
prodigieux détails, c'était merveilleux à contempler.

Nous sommes en effet dans le pays des merveilles, dans la patrie des arts, dans cette Italie,
objet de tant de convoitises, que l'on aime sans
la connaître, que l'on aime bien plus encore
quand on la connaît. C'est la terre féconde et pri-
vilégiée qui a donné le jour aux plus étonnants
chefs-d'œuvre ; c'est là que sont réunis et pieuse-
ment conservés les plus précieux trésors des
temps anciens et modernes ; c'est là qu'on trouve
et qu'on admire à chaque pas ce que le génie de
l'homme, à toutes les époques de l'histoire, a
jamais pu produire de plus grand et de plus beau.

La nature y déploie tous ses contrastes, toutes
ses variétés, tous ses charmes, toutes ses splen-
deurs. Tantôt, comme dans les plaines verdoyantes
et plantureuses de la Lombardo-Vénétie, on voit,
de tous côtés, se balancer gracieusement, au gré
des vents, des pampres, dont les guirlandes s'aven-
turent dans l'espace, s'élancent d'arbre en arbre,
et ondulent, au-dessus des plus riches moissons,
semblables aux vagues d'une mer agitée. Tantôt,
comme dans les Apennins et dans les Calabres,
les scènes les plus sauvages et les plus grandioses

stupéfient les regards et saisissent l'âme de je ne sais quelle terreur involontaire. Ce sont des montagnes noires et abruptes, couvertes de sombres forêts; d'immenses rochers nus et arides, affectant les formes les plus bizarres, entassés, renversés les uns sur les autres ; des ravins, des gorges étroites et profondes; c'est un sol volcanique, déchiré, tourmenté, bouleversé par les plus effroyables cataclysmes. Ce sont bien là les paysages préférés par le pinceau de Salvator Rosa, effrayants et impénétrables repaires d'un brigandage actuellement disparu.

D'autres fois, comme dans la campagne romaine, l'œil se repose sur des teintes douces et bleuâtres, empreintes de mélancolie, et qui portent au recueillement; sur de larges et calmes horizons ; sur de vastes prairies, où paissent des troupeaux, où sont éparses des ruines, des restes d'aqueducs, de tombeaux anciens, au-dessus desquels plane, dans un lointain vaporeux, la coupole de saint Pierre.

D'autres fois encore, comme aux îles Borromées, comme à Cômo, comme à Pouzzolles, à Sorrente et à Baïa, ce sont des rivages frais et fleuris, des collines émaillées de blanches villas, des golfes délicieusement arrondis, tout embaumés du parfum des orangers, et baignés par les vagues bleues de la Méditerranée, ou par les eaux transparentes de lacs enchanteurs.

Ce qui frappe, ce qui charme en Italie, ce n'est pas seulement la beauté de la nature, ce ne sont pas seulement d'incomparables monuments, ce sont encore les souvenirs. Si elle est la patrie des arts, elle est aussi le pays des souvenirs, elle en a le culte, elle en fait un de ses attraits, une de ses gloires. Ses perturbations politiques, ses révolutions se gardent bien d'y toucher, et d'y porter une main stupidement sacrilège et barbare ; elles les respectent, elles les placent sous la triple et inviolable sauvegarde de l'art, de l'histoire et de la religion. Jamais on n'a vu l'Italie avoir la sotte et imbécile prétention d'effacer l'histoire ; jamais on ne l'a vue se déshonorer elle-même en brûlant ses plus beaux édifices, en ravageant ses églises, en détruisant ses richesses artistiques ; aussi ses palais sont intacts ; ses basiliques et ses cathédrales, vierges de toute mutilation, resplendissent de magnificence, dans toute leur primitive beauté.

Il n'est pas jusqu'aux simples inscriptions, relatant un fait historique ou religieux, une fondation pieuse, un acte de libéralité, qui ne soient soigneusement conservées. C'est ainsi que les rues de Rome sont comme un livre ouvert, dans lequel, tout en se promenant, on peut lire l'histoire des Papes. Tout ce qu'ils ont fait d'utile, de beau, de grand, depuis la basilique de Saint-Pierre jusqu'au plus petit monument, jusqu'à la plus modeste fontaine, jusqu'au percement d'une rue nouvelle, tout cela est inscrit, sur les murailles, dans le style, dans la forme du temps, et avec tous les détails qui caractérisent chaque époque.

Les antiquités grecques et romaines, les temples des dieux, les demeures des souverains et des grands hommes, les tombeaux, les aqueducs, les théâtres, les statues, tous ces débris des anciens âges, tous ces restes d'une civilisation disparue, tous ces témoins de générations éteintes sont l'objet du respect public; les gens les plus illettrés les connaissent, ils en nomment les auteurs, ils en expliquent l'origine et la destination, ils en savent les vicissitudes; c'est le passé qui revit dans le présent, pour lui donner un charme de plus, pour le peupler de ses grandeurs et l'embellir de sa poésie.

A Tivoli, ce ne sont pas seulement les chutes et les cascades si pittoresques de l'Anio, qui roule et se précipite avec fracas dans les profondeurs les plus saisissantes; c'est encore le temple de la Sibylle et le temple de Vesta; ce sont encore les maisons de Mécène et d'Horace, les grottes de la Sirène et de Neptune.

Au Pausilippe, à Pouzzoles, à Baïa, ce n'est pas seulement la nature dans ses aspects les plus riants et les plus enchanteurs, c'est encore le tombeau de Virgile; c'est la maison de Cicéron;

c'est le rivage d'où partit Pline l'Ancien, pour s'en aller mourir, victime de la science, en étudiant de plus près l'éruption du Vésuve ; c'est le temple de Sérapis ; c'est le lac Averne ; c'est l'antre de la Sibylle ; c'est la piscine Admirable, gigantesque réservoir, dont l'eau alimentait la flotte des Romains ; ce sont les étuves de Néron ; c'est, au milieu du golfe, l'île de Capri, campagne favorite et résidence (pendant l'été) de l'empereur Tibère.

A Pompéï, c'est une ville entière, surprise au milieu de son activité et de ses plaisirs, enterrée toute vivante, et sortant de son tombeau, secouant son linceul de cendres pour renaître à la lumière, après 18 siècles d'ensevelissement. Sur le pavé de ses rues, on voit encore la trace des roues de ses chariots ; ses carrefours sont encore ornés de fontaines, dont l'eau semble toute prête à jaillir, et dont les margelles portent encore l'empreinte des mains de ceux qui s'y appuyaient, pour s'y désaltérer. Son grand théâtre est ouvert, et ses nombreux gradins, largement déployés en amphithéâtre, paraissent attendre les spectateurs. La toiture des maisons s'est effondrée sous le poids de la cendre, mais l'intérieur est intact. Les tables, les comptoirs, les amphores des marchands, les fours des boulangers, les lits, les emblèmes sacrés des divinités protectrices du foyer domestique, tout ce qui servait aux bains, dont les an-

ciens faisaient un si fréquent usage, tout est là,
parfaitement à sa place ; les murs des appartements sont encore agrémentés de leurs peintures,
si bien conservées, si belles et si fraîches encore,
qu'on les dirait faites d'hier. De tous côtés palpite
la vie, et cependant c'est partout un silence de
mort qui étonne ; on ne s'explique pas l'abandon
de ces maisons, la solitude de ces rues, de ces
places publiques, où tout est fait pour le mouvement, et où l'on ne rencontre personne ; on se
demande pourquoi les habitants sont tous absents, on les cherche, on les attend, on voudrait
les voir ; on s'imagine qu'ils vont revenir et ren-
trer dans leurs demeures.

Les objets les plus précieux ont été transportés
au musée de Naples ; on y trouve toute une col-
lection d'instruments de chirurgie : lancettes,
pinces à ligature, pinces à griffes, spatules, bis-
touris, spéculums.

Si l'Italie s'ingénie avec tant de bonheur et de
raison à ressusciter l'antiquité, à lui rendre l'éclat
de son soleil, elle a le même culte et les mêmes
honneurs pour tout ce qui se rattache à son histoire moderne et contemporaine. A ceux qui l'ont
illustrée ou noblement servie, n'importe à quel
titre, souverains, poètes, sculpteurs, peintres,
hommes d'État, historiens, elle a élevé des statues
qui décorent ses places publiques, ou bien elle a
fait des tombeaux, pour lesquels elle a prodigué

le talent de ses plus grands artistes, le bronze et
es marbres les plus précieux. Elle a abrité ces
tombeaux sous l'ombre de la croix, elle les a
confiés aux nefs, aux chapelles de ses principales
églises, dont ils sont souvent un des plus beaux
ornements.

Ainsi, à Florence, les merveilleux tombeaux
des Médicis sont devenus la gloire de l'Italie tout
entière. La splendide chapelle qui renferme ces
chefs-d'œuvre de Michel-Ange est voisine de
l'église de *Santa Croce*, où ce grand homme, le
plus grand génie du grand siècle de Léon X, a
été enseveli, où il a son tombeau, à côté des tombeaux d'illustres morts qui s'appellent Alfieri,
Galilée, Machiavel, le Dante.

Non loin de *Santa Croce*, en dehors et aux
portes de la ville, s'élève une gracieuse et ver-
doyante colline, au pied de laquelle coule l'Arno ;
son sommet est dominé par une église appelée
San Miniato. On y monte par une large allée
plantée d'énormes cyprès, et par le nouveau et
magnifique boulevard Michel-Ange. Du parvis
de cette église, un splendide panorama se déroule
sous les yeux : toute la ville de Florence, toutes
ses églises, sa cathédrale, le dôme de Bruneleschi
et son fameux campanile ; la tour du palazzo
vecchio ; le palais Pitti ; la promenade des Casci-
nes ; les hauteurs des Fiezzoles, et toute la vallée
de l'Arno, avec la pittoresque ceinture de mon-

tagnes, premiers contreforts des Apennins. Intérieurement, l'église de *San Miniato* est toute brillante de la plus riche ornementation : ce sont des mosaïques sur fond d'or, encadrées dans les marbres les plus artistement travaillés ; ce sont des pierres tombales, incrustées de pieuses épitaphes et d'emblêmes sacrés ; ce sont des bustes, des statues d'hommes et de femmes, ensevelis dans les caveaux de l'église. D'autres, qui n'y ont pas trouvé place, reposent dans le parvis même de l'église, tout près d'elle, sous son aile, à l'ombre de gracieux arbustes, et en vue de merveilleuses perspectives.

A Venise, dans les vastes et somptueuses églises des saints Jean et Paul et des Frari, sont réunis les monuments funéraires des Doges, du Titien, de Canova. Jamais la douleur ne fut exprimée d'une manière plus touchante, plus poétique, j'allais dire plus suave et plus délicieuse que dans ce dernier et admirable tombeau.

A Rome, le Panthéon a reçu Raphaël, Annibal Carrache, Victor-Emmanuel ; et Saint-Pierre, Saint-Jean de Latran, Sainte-Marie-Majeure sont peuplés d'une multitude de monuments, chefs-d'œuvre souvent d'art et de richesse, qui recouvrent la dépouille mortelle des souverains pontifes.

En Italie, la mort a donc de splendides demeures, mais la vie en a de plus belles encore.

Ce n'est pas en vain que Gênes a été appelée
LA SUPERBE : ses palais sont de véritables palais de
rois. Les palais Brignole-Sale, Serra, Balbi,
Pallavicini, sont éblouissants de richesse, et leurs
vastes galeries sont illustrées par les tableaux,
par les statues des plus grands maîtres.

A Rome, il y a tant de palais à visiter que
l'admiration en est fatiguée. C'est au palais
Borghèse que se trouve la *Danaë* du Corrége ; la
Sibylle et la *Chasse de Diane* du Dominiquin ;
la *Descente au tombeau* et le *César Borgia* de
Raphaël. C'est au palais Corsini, que sont les
trois ECCE HOMO du Guide, du Guerchin et de Carlo
Dolce, et la *Vierge* de Murillo. C'est le palais
Doria Pamfili qui possède les plus belles toiles
du Poussin et de Claude Lorrain. La gracieuse
Aurore du Guide resplendit sur l'un des plafonds
du palais Rospigliosi ; et le délicieux portrait,
chef-d'œuvre encore du Guide, de Béatrix Cenci,
si jeune, si belle et si malheureuse, est une des
richesses du palais Barberini.

Les princes italiens ont, à la campagne, des
palais qui ne le cèdent en rien à ceux de la ville.
A Rome, la villa Wolkonsky a de magnifiques
perspectives sur les ruines, sur les vastes horizons, au milieu desquels s'élève la Ville éternelle.
A Pegli, près de Gênes, la villa Pallavicini
réalise toutes les merveilles ; il faut plus de trois
heures pour parcourir ses immenses jardins

plantés d'orangers, de palmiers, de camélias, de
lauriers roses, pour faire le tour de ses bassins,
de ses cascades, de ses eaux jaillissantes, de ses
temples, de ses portiques de marbre, pour suivre
en barque les sinuosités d'un ruisseau qui coule
dans les profondeurs d'une grotte féerique, et
pour atteindre un belvédère, d'où la vue se promène, d'un côté, sur la chaîne des Alpes, sur
leurs cîmes neigeuses, et de l'autre, par le plus
saisissant des contrastes, sur la Méditerranée,
sur le golfe de Gênes, sur ses navires, ses églises
et ses palais.

Les églises sont une des plus grandes attrac-
tions de l'Italie. Un très petit nombre d'entre
elles sont du style ogival, simple et grandiose, de
nos fameuses cathédrales de France. Quelques-
unes, comme la basilique ambroisienne de Milan,
remontent aux trois ou quatre premiers siècles
de l'ère chrétienne. D'autres, comme Saint-Marc
de Venise, appartiennent à l'époque bysantine.
La plupart ont adopté le style grec et le style
de la renaissance, qui se prêtent le plus facilement au luxe d'une somptueuse ornementation.
Si les églises italiennes n'ont, en général, ni la
majestueuse gravité, ni le recueillement des
églises françaises, elles sont, en revanche, d'une
richesse que les nôtres ne connaissent pas. L'or,
l'argent, le bronze, les marbres les plus rares,
le vert antique, le porphyre, l'albâtre oriental

transparent et fleuri, le lapis-lazuli, la malachite
de Russie y sont prodigués. Les murailles, les
coupoles sont peintes à fresque, par les plus
grands maîtres, ou revêtues d'admirables mosaïques. Presque toutes renferment quelque chef-
d'œuvre de la peinture, ou de la statuaire. Les
grands noms de Michel-Ange, de Raphaël, du
Pérugin, de Jules Romain, du Dominiquin, de
Paul Veronèse s'y rencontrent presque partout.
Là encore on se fatigue à force d'admirer.

Tantôt, comme à la cathédrale de Milan,
comme à Saint-Marc de Venise, comme à Saint-
Janvier de Naples, ce sont d'inestimables trésors,
des statues, des croix, des vases sacrés, des can-
délabres d'or, d'argent, des châsses constellées
de diamants, de saphirs, de rubis, d'émeraudes.
Tantôt, comme au baptistère de Florence, comme
aux Chartreuses de Pavie et de Naples, ce sont
des merveilles de l'art, des prodiges de patience,
de délicatesse, de perfection dans le travail de la
pierre, du marbre et du bronze.

Il y a, en Italie, des églises remarquables
autant par leurs vastes et imposantes proportions,
que par les souvenirs religieux ou historiques
qui s'y rattachent ; telles sont les églises de Milan,
de Venise, de Padoue, de Bologne, de Naples,
telles sont surtout les principales basiliques de
Rome. Mais il en est une qui surpasse toutes les
autres en grandeur et en magnificence, et qui,

sans égale dans le monde entier, restera, à tout jamais, le dernier mot, le suprême effort de la puissance de l'homme, le plus radieux et le plus écrasant triomphe du génie : j'ai nommé Saint-Pierre.

Dans ce coup d'œil général et d'ensemble, dans ce tableau panoramique, esquissé rapidement et à grands traits, avons-nous été juste et modéré dans nos appréciations ? N'avons-nous pas été par trop enclin à la louange et à l'enthousiasme ? — A ceux qui connaissent l'Italie de prononcer. Quant à nous, en présence de tant de merveilles de l'art et de la nature, nous n'avons pu rester froid ; nous avons traduit nos impressions, telles que nous les avons ressenties, fidèlement et avec toute sincérité.

Maintenant, que dire des Italiens, de leur constitution physiologique, de leurs habitudes, de leur hygiène ? — Dans l'Italie du nord et du centre, tout nous a paru très convenable, du moins dans les principales villes. A Turin, à Milan, à Bologne, à Florence, les rues sont, en général, larges, bien bâties, bien aérées et soigneusement entretenues. La population active, bien vêtue, ne laisse rien à désirer. A Rome, que nous n'avions pas vue depuis vingt ans, nous avons constaté de très notables améliorations. Des quartiers nouveaux se sont élevés, de splendides hôtels ont été construits, de magnifiques rues, dont l'une est plantée d'arbres, ont été ouvertes ; les anciennes rues, étroites et tortueuses, sont propres et balayées. Les mêmes progrès se font remarquer dans les habitants. On trouve parmi eux moins de mendiants, moins de gens en guenilles qu'autrefois ; la population s'est nettoyée, et son apparence extérieure y a gagné ; sa constitution est plus forte ; le sang est devenu meilleur.

Mais, dans l'Italie du sud, les choses sont bien différentes. A Naples, quand on a vu la Villa Reale, la place du Palais-Royal, le quai Sainte-Lucie, la rue de Tolède, la rue de Chiaïa, et les rues qui conduisent du Musée à Capodimonte, on ne trouve plus guère que des rues étroites, sales, humides, mal aérées, dans lesquelles on respire un air vicié par des odeurs et des émanations fétides. La population y est condensée dans des ateliers, dans des boutiques qui manquent d'air, de soleil, et presque de lumière ; elle est, en général, d'un aspect répugnant et malpropre ; elle aurait besoin de faire un usage beaucoup plus fréquent de l'eau si pure de son beau golfe. Ce défaut d'hygiène, ces habitations malsaines, exercent sur la classe ouvrière une influence facile à prévoir ; elle nous a paru, en général, assez mal conformée, lymphatique, anémiée, souvent même scrofuleuse. L'édilité de cette grande ville aurait à s'en préoccuper très sérieusement ; d'importants travaux de voirie lui sont imposés ; il paraît que déjà elle a réalisé de notables améliorations, mais il lui reste beaucoup à faire.

Ces mauvaises conditions de salubrité, si fâcheuses pour la santé publique, et qui frappent si désagréablement à Naples, sont encore bien plus prononcées dans la banlieue de la ville, et dans les grands centres de population suburbains. Les plus considérables sont aussi les plus sales. Résina, Torre-del-Greco, Torre-del-Annunziata sont hideux à observer. Les enfants y sont très nombreux ; on les voit par bandes, couverts de haillons, à peine vêtus, n'ayant souvent qu'une simple et malpropre chemise, et quelquefois nus, absolument nus, vaguer, grouiller, mendier dans des rues qui ne sont que d'abominables et infects cloaques. Les femmes, à la mise débraillée, à la chevelure inculte, aux vêtements sordides, restent assises, pour leurs travaux d'aiguilles, sur le pas de leurs portes, au milieu de tas d'ordures, entourées des immondices les plus écœurantes, et dans une atmosphère fétide et nauséeuse.

Dans ce pays, où la nature est si belle et si riche, où l'air est si pur et le soleil si brillant, comment se fait-il que la population soit hideuse à ce point ? A Portici, dont le nom seul a tant de charmes, éveille tant de frais et délicieux souvenirs, et où l'on arrive bercé par tant de suaves et ravissantes mélodies, quelle déception ! Quel désenchantement ! Peut-être y pourrait-on découvrir encore quelque Mazaniello dégénéré, car les hommes sont un peu moins malpropres, et un peu mieux nippés que les femmes ; mais nous n'y avons rien vu, qui, d'aussi loin que ce fût, nous ait rappelé la gracieuse création de Fenella. Si Auber eut visité Portici, son inspiration s'y fût éteinte ; sa muse fût restée froide, sa lyre silencieuse, et nous n'aurions pas *la Muette !*

Toute cette population en guenilles, toutes ces femmes repoussantes, tous ces enfants si peu et si mal vêtus, tous ces visages livides et malpropres, empreints du cachet de l'anémie et souvent de la scrofule, tous ces corps malingres, mal conformés, et que le défaut de soins hygiéniques a empêchés de se développer, devraient être fréquemment immergés dans les eaux vivifiantes du golfe ; les habitations devraient être élargies, aérées, assainies et purgées de toutes les sources d'odeurs et d'émanations malfaisantes qui en font des repaires de miasmes putrides, et des foyers d'infection.

Nous avons parcouru toutes les Calabres ; nous avons visité la ville de Reggio, dans une situation si belle et si pittoresque, au bord du détroit de Messine, et en vue des côtes de Sicile : partout nous avons fait les mêmes observations : nature admirable ; race humaine inculte et misérable. En général, et partout ailleurs, la femme est l'attrait, le charme, le parfum du foyer domestique ; là, elle en est le repoussoir, l'abjection et le dégoût. Le gouvernement italien a de grands devoirs à remplir envers toutes ces populations ; il faut qu'il se hâte d'améliorer l'hygiène des générations actuelles, afin d'en préparer, pour l'avenir, de plus fortes, de plus vivaces, de plus solidement constituées.

Après ce coup d'œil général promené sur toute l'Italie, au triple point de vue de la nature, de l'art et de l'hygiène, reprenons notre itinéraire ; ce sera le moyen de grouper et de coordonner nos souvenirs.

II

A notre arrivée, à Milan, on se le rappelle, l'encombrement de la ville avait failli nous en fermer l'entrée ; à notre départ pour Venise, ce même encombrement faillit nous y retenir et nous empêcher d'en sortir. L'immense gare était remplie d'une foule compacte, véritable cohue, au milieu de laquelle il était difficile de se frayer un passage ; le bureau d'enregistrement des bagages était inabordable, des monceaux de colis

recouvraient toute la longueur des tables ;
l'heure du départ allait sonner : notre chère
compagne était dans les salles d'attente, peut-
être même déjà en wagon, et notre malle était
encore bien loin du guichet. Notre anxiété,
notre impatience étaient au comble. Tout à coup.
quel n'est pas mon étonnement, dans cette af-
freuse bagarre et du milieu de cette foule d'é-
trangers et d'inconnus, d'entendre une voix m'in-
terpeller par mon nom :

— « *Allons, Guibout, soyez calme, ne vous
agitez pas ainsi !* » — C'était le professeur Char-
cot, qui, lui aussi, s'efforçait d'activer l'enregistrement de ses malles, tout en sachant, mieux
que nous, garder son sang-froid. Enfin, au bout
d'une heure au moins de lutte, de supplice et de
mortelle impatience, je pus enfin rejoindre ma
chère compagne, dont les angoisses n'avaient pas
été moindres que les miennes.

Le train express partit, après une heure et
demie de retard, et nous eûmes bientôt l'expli-
cation de cette affluence extraordinaire de voyageurs. Une fête magnifique devait être donnée
le lendemain à Venise ; le roi s'y trouvait pour
présider en personne l'ouverture d'un congrès
scientifique ; la ville était tellement remplie
d'étrangers, qu'il était impossible d'y trouver un
logement, à moins d'en avoir un retenu d'avance ;
or ce n'était pas notre cas.

Décidément, une mauvaise chance nous poursuivait ; nous tombions, sans le vouloir, de fête en fête, et l'Italie nous était tout à fait inhospitalière. Que faire ? fallait-il, comme à Milan, courir quelqu'aventure nocturne ? Les canaux de Venise étaient-ils, pour la nuit, un gîte acceptable, et suffisamment sûr, et, à défaut d'un hôtel, devions-nous nous contenter d'une gondole ? Nous reculâmes devant cette perspective sombre et hasardeuse, et, à huit heures du soir, nous descendîmes à Padoue. Là, dans cette ville si paisible, nous trouvâmes enfin le calme ; l'absence de tout souci, le repos, dont nous avions si grand besoin, un bon hôtel, un bon dîner et un bon lit.

Le lendemain matin, dès 7 heures, nous visitions l'église de Saint-Antoine, l'une des plus intéressantes, des plus vastes, et des plus riches de toute l'Italie. Le magnifique tombeau du saint était entouré d'une foule d'hommes agenouillés, qui, dans un moment donné, se précipitèrent tous à la fois, avec un rapide et pieux élan, pour le toucher de leurs mains, ou de leur front.

A neuf heures, nous étions en chemin de fer, et à dix heures à Venise.

Nous connaissions Venise, d'ancienne date ; nous l'avions vue avec sa physionomie originale et unique au monde ; avec ses églises, ses palais

et ses maisons plongeant dans la mer ; avec
ses canaux au lieu de rues, et ses gondoles au
lieu de voitures ; nous l'avions vue solitaire et
silencieuse, mais toujours rayonnante de l'éclat
de son passé, toujours fière de ses monuments et
de ses merveilles artistiques. Elle avait comme
une auréole de tristesse et de mélancolie pleine
de charme et de majesté ; on la sentait déchue,
mais elle était toujours grande, et toujours belle,
toujours *Venezia la Bella.*

Aujourd'hui tout était changé : Venise nous
apparaissait sous un tout autre aspect, sous un
jour tout nouveau ; elle était en fête ! On eût.dit
qu'elle était ressuscitée à son ancienne splendeur,
qu'elle avait retrouvé ses vieux doges, sa gloire
d'autrefois, et qu'elle était redevenue la reine de
l'Adriatique. Ses canaux étaient trop étroits pour
les innombrables gondoles qui s'y croisaient de
tous côtés ; de riches bannières flottaient au vent,
du haut des trois grands mâts de bronze de la
place Saint-Marc ; le pavé de mosaïques de la
vieille basilique disparaissait, sous la multitude
des visiteurs ; la foule se pressait sur l'escalier des
Géants et dans les salons du palais Ducal.

Assis sous les galeries historiques du café Flo-
rian, nous vîmes passer et repasser devant nous,
comme une mer agitée, des flots de populations,
au milieu desquelles les belles vénitiennes se
distinguaient par leur chevelure opulente et

dorée. Ce sont toujours les mêmes femmes, ce sont toujours les mêmes types qui ont servi de modèles au Titien, pour ses Vénus de Florence, et à Paul Véronèse, pour la blonde fille d'Agénor, dans son admirable tableau de l'*Enlèvement d'Europe*.

Quand vint la nuit, ce fut un bien autre spectacle ; la place Saint-Marc s'illumina ; jamais pareille féerie n'avait fasciné nos yeux ; les palais qui bordent trois de ses côtés devinrent des palais de feu ; toutes leurs colonnes, tous leurs portiques, toutes leurs richesses architecturales et décoratives, se dessinèrent en lignes lumineuses, avec des teintes calmes et douces, qui en faisaient ressortir jusqu'aux moindres détails, tandis que, sous l'action de puissants appareils électriques, tout le portail de la vieille basilique, ses mosaïques sur fond d'or, ses clochetons, ses guirlandes, ses festons de marbre, ses chevaux de bronze étincelaient d'un fantastique éclat. Le blason, les armes de Venise flamboyaient au sommet du campanile, et dans le lointain de la Piazzetta, l'église Saint-Jacques-le-Majeur, elle aussi, toute de feu, se réfléchissait dans la mer, qui en paraissait embrasée.

Sous le charme de ce rêve, de cette fête idéale et magique, il me semblait que nous allions entendre quelque voix aérienne et mystérieuse sortir des coupoles de Saint-Marc, et chanter cet

air d'*Haydée*, si palpitant de mélodie et de patrio-
tique enthousiasme :

« Ah ! que Venise est belle, et que son ciel est doux !
« Ses palais étincellent ce soir de mille feux. »

Nous regagnâmes notre gondole, amarrée devant le quai des Esclavons, et, par un dédale de
canaux obscurs, elle nous conduisit au chemin de
fer, qui nous ramena dans notre paisible ville de
Padoue.

Le lendemain à midi, nous arrivions à Bologne ;
à 3 heures nous avions parcouru cette grande
ville, aux maisons bordées d'arcades ; nous avions
vu quelques-unes de ses églises, San Petronio,
San Domenico avec le tombeau de saint Domini-
que ; le Musée, avec la fameuse *Sainte Cécile* de
Raphaël ; les tours penchées, et la bizarre fontaine, où sont représentées trois grosses femmes
de bronze, adossées, et pressant de leurs vigou-
reuses mains leurs plantureuses mamelles, d'où
elles font jaillir une gerbe d'eau.

Six heures plus tard, après la saisissante traversée des Apennins, après avoir franchi les
48 tunnels de cette route sauvage et du pittoresque le plus grandiose et le plus varié, nous
couchions à Florence, dans cette ville où l'on voudrait toujours arriver, et d'où l'on ne voudrait
jamais partir, où l'air est si pur, la nature si
belle et si fleurie, et que le génie a peuplée de
tant de merveilles.

Quelques heures seulement séparent Florence de Rome. Rome et Florence résument l'Italie ; elles en sont l'âme, le cœur et l'expression la plus complète. Elles sont, par excellence, la patrie ; le sanctuaire des arts ; ce sont elles qui ont ouvert la plus large hospitalité à tous les chefs-d'œuvre de l'antiquité, et qui en possèdent les plus nombreux et les plus magnifiques spécimens ; ce sont elles que tous les grands hommes du siècle de Léon X ont recherchées et habitées de préférence ; c'est dans leur enceinte qu'ils ont trouvé leurs plus sublimes inspirations, qu'ils les ont écrites sur la toile, sur le marbre et sur le bronze, et c'est à elles qu'ils ont légué le plus riche héritage de leur gloire et de leurs œuvres immortelles.

Rome est une mine inépuisable de trésors artistiques. Nous ne parlerons ni de ses grandes basiliques, ni de ses grands musées, ni de ses grandes ruines, le monde entier les connaît. Mais, en dehors de ces grandes merveilles, on trouve partout, dans ses quartiers les plus déshérités, dans ses rues les plus pauvres et les plus abandonnées, des œuvres d'art que l'on ne saurait trop admirer. Il y a une multitude de petites églises, comme le baptistère de Constantin, comme Saint-Clément, comme Sainte-Marie de la Paix, comme Sainte-Marie du Transtévère, comme Saint-Pierre-ès-liens, et bien d'autres encore, dont l'apparence extérieure n'a rien de remarquable, et qui cepen-

dant, renferment de splendides chefs-d'œuvre :
c'est le *Moïse* de Michel-Ange ; ce sont des
fresques de Raphaël, et du Dominiquin ; ce
sont de précieuses mosaïques, des tableaux de
Paul Vèronèse et du Pérugin, des colonnes d'albâtre, de vert antique, ou de porphyre, prove-
nant du palais des Césars, ou des temples des
dieux.

Nous n'avons à nous occuper de Rome, ni au
point de vue religieux, ni au point de vue politi-
que. Nous sommes un médecin en vacances, qui
passe, et qui, pressé par le temps, passe plus vite
qu'il ne le voudrait. Dans notre rapide passage,
nous glanons des observations, et nous les écri-
vons au courant de notre plume.

Pourquoi donc ne dirions-nous pas que Rome
est faite pour le Pape, et que, sans lui, elle serait
vide et découronnée ? Que deviendraient, sans la
papauté, tous ces vieux et vénérables souvenirs
qu'elle a sauvés des ravages du temps ? et tous ces
incomparables monuments, qu'elle a élevés avec
tant de foi, de persévérance et de génie ? Quels
flots d'étrangers la papauté n'a-t-elle pas, toujours,
et à toutes les époques, attirés à Rome ? Quel immense concours d'hommes, de femmes de toutes
les nationalités, de tous les pays, de toutes les re-
ligions, à toutes les solennités ! Comme les foules
étaient avides de contempler ces cérémonies si
grandioses, qui ne sont possibles qu'à Rome !

quel enthousiasme à l'entrée du souverain Pontife, dans Saint-Pierre, alors que, porté sur la *sedia gestatoria*, la tête couverte de la tiare, il pénétrait dans l'immense basilique, précédé de toute la cour pontificale et de tout le collège des cardinaux ! Quel imposant cortège ! quelle pompe magnifique et unique au monde ! Et le soir, quand la grande église s'illuminait tout entière, et que, de toute la surface de la coupole de Michel-Ange, des flammes jaillissaient, comme par enchantement, à 400 pieds dans les airs, au bruit du canon, au son de toutes les cloches et de toutes les musiques, quel spectacle saisissant ! Nous en avons été témoin, il y a vingt ans, et ce souvenir est un des plus beaux et des plus ineffaçables de toute notre vie.

Aujourd'hui le Pape a été dépossédé de son pouvoir temporel ; sa puissance spirituelle lui est restée intacte, et cependant toutes les pompes religieuses d'autrefois ont été supprimées. Depuis qu'il n'est plus roi, le Pape se tient invisible au Vatican ; les solemnités se passent sans lui, il n'accomplit plus aucune cérémonie, il ne préside plus à aucun office, on ne le voit plus à Saint-Pierre, et l'autel papal n'est plus qu'un monument inutile et abandonné. Pourquoi en est-il ainsi ? — C'est, dit-on, parce que le Pape ne serait pas en sûreté dans Saint-Pierre, et qu'on l'y insulterait. — Si cela est vrai, quelle triste idée ne

devons-nous pas avoir du gouvernement italien?
Puisse ce gouvernement comprendre enfin que
l'honneur et l'intérêt de Rome et de l'Italie sont
liés à la présence libre, honorée et respectée du
Pape dans Rome! puisse-t-il avoir l'énergie de
réduire au silence quelques énergumènes déclas-
sés, en désaccord avec l'opinion générale! puisse-
t-il favoriser le rétablissement des belles fêtes
d'autrefois, qui, tout en réveillant le sentiment
moral et religieux dans les populations, auront
encore l'avantage d'être pour elles, comme elles
l'étaient dans le passé, une source de bien-être,
de richesse et de prospérité! Et alors, puisse le
saint-Père, ouvrant son cœur à des trésors de
pardon et d'oubli, et acceptant généreusement,
et sans arrière-pensée, le résultat d'événements
dont il n'est pas responsable, se réconcilier avec
l'Italie, et ramener ainsi dans les esprits une
paix si désirable, dont la colombe, au rameau
d'olivier des piliers de Saint-Pierre, est le gracieux emblème et la douce espérance!

Voilà ce que nous avons dit à Rome à un émi-
nent diplomate, et ce que nous avons dit aussi
dans le Vatican, à Son Excellence monseigneur
Maccki, grand chambellan de Sa Sainteté, en lui
exprimant notre reconnaissance pour son cordial
accueil, et nos profonds regrets de ne pouvoir pas
attendre le jour fixé pour l'auguste audience qui
nous avait été accordée.

Le temps nous pressait, il fallait partir pour Naples et la Sicile.

Nous arrivâmes à Naples pour la fête de saint Janvier. Le temps était splendide ; un soleil ardent éclairait de tous ses feux un des plus beaux panoramas du monde, le golfe, le Vésuve, les îles d'Ischia et de Capri, le cap Misène, le Pausilippe, les coteaux de Castellamare, de Sorrente et de Baïa ; le canon retentissait. Pouzzoles devait être le principal théâtre de la fête, aussi la route qui conduit à ce village des environs de Naples offrait, dès le matin, le coup d'œil le plus pittoresque et le plus animé.

C'était une foule bruyante et bigarrée : des femmes, aux toilettes voyantes, agitaient avec une fiévreuse rapidité leurs larges éventails ; des jeunes gens, des jeunes filles dansaient des tarentelles ; des gamins à moitié nus couraient, chantaient et gambadaient, tout en demandant l'aumône ; d'incroyables corricolos, les limons en l'air, roulaient péniblement, au petit trot d'un cheval efflanqué, avec leur pyramide humaine de douze ou quinze individus, assis, couchés, entassés, debout les uns sur les autres. Comme contraste, de brillants attelages, lancés au triple galop, nous étonnaient, moins encore par l'effrayante vitesse de leur course effrénée et insensée, que par leur étalage pimpant, tapageur et du plus charmant effet. C'était d'élégantes et coquettes voitures ;

la tête de leurs trois petits chevaux noirs était
ornée d'aigrettes, de panaches, de plumes, de
bouquets de fleurs ; leur dos était recouvert de
plaques, d'écussons de cuivre, qui étincelaient
au soleil, et laissaient flotter au vent des pende-
loques de grelots, des glands, des rubans de toutes
les couleurs.

Mais quittons ces populations en fête ; laissons
notre voiture au bord du golfe, et, en dépit d'une
chaleur torride, gravissons, sous un soleil dévorant, ce sentier étroit et brûlant ; il va nous con-
duire par une longue et rude montée à la Solfatare.

Nous sommes là, au fond d'un vaste bassin
creux, entourés d'un cercle de sommités abruptes ;
nous marchons sur le vide ; le sol qui nous porte
est miné, ce n'est qu'une sorte de calotte, ou de
voûte plus ou moins épaisse, qui recouvre un
abîme, un volcan, une fournaise de soufre et de
feu. Cette voûte, dans un des points de sa circon-
férence, s'est crevée, et, par l'ouverture qui s'y est
faite, s'échappe, avec un bruit strident de vapeur
comprimée, une colonne de fumée sulfureuse,
qui, lorsqu'on s'en approche de trop près, vous
prend à la gorge, vous suffoque et vous brûle les
pieds, les mains et la figure : on dirait la soupape
de sûreté de quelque gigantesque machine trop
chargée et toujours prête à éclater. Une énorme
pierre, que notre guide lance violemment à terre,
fait vibrer et retentir la profondeur de ces ef-

frayantes cavités ; c'est la percussion pratiquée sur un volcan ; c'est comme un appel fait à ces régions souterraines, mystérieuses et impénétrables ; elles y répondent par un de ces longs et sourds gémissements si bien décrits par Virgile, le premier et le véritable inventeur de la percussion :

« Insonuêre cavæ, gemitumque dedere cavernæ. »

Revenons maintenant à la fête : suivons en plein midi ces longues files d'hommes endimanchés et de femmes en toilettes de soirée, en robes rose-cerise , vert-pomme , jaune orangé , dont les traînes balayent la poussière ; et montons jusqu'à cette église, décorée du nom trop pompeux de cathédrale, où, dit-on, s'est opéré, ce matin, le fameux miracle de saint Janvier. La foule s'y porte, on se bouscule pour y entrer, on y étouffe, on y boit de la limonade ; c'est un tohu-bohu, un pêle-mêle, un va-et-vient dénués de tout caractère religieux. Hâtons-nous d'en sortir et de regagner notre voiture qui va nous mener à Baïa pour y déjeuner.

Des tables sont dressées sur une vaste terrasse ; d'un côté, c'est le cap Misène et la mer ; de l'autre, ce sont des plantations d'orangers et de citronniers. De nombreux convives se livrent à tous les ébats d'un vigoureux appétit et d'une gaieté bruyante et toute napolitaine. Des danses pittoresques, des chansons animent leur repas, pétillant d'entrain et largement arrosé d'un vin abondant, que des jeunes garçons, suivant l'usage antique, apportent sur leur épaule, dans de gracieuses amphores de terre cuite. Nous prenons place. On nous sert un déjeuner de couleur locale : des huîtres du lac Lucrin, aromatisées de citrons verts, des couteaux, des hérissons de mer, du macaroni à l'italienne et du vin de Capri.

A Naples, des beautés artistiques accompagnent presque partout les beautés d'une nature toujours variée, toujours magnifique dans ses aspects : ainsi, quand on gravit la colline de Capo-di-Monte, on y trouve un parc dont les épais ombrages défient les rayons du soleil le plus ardent, et de ravissantes perspectives sur la ville, sur le golfe, sur le Vésuve ; mais on y trouve aussi un château royal, dont les riches galeries renferment d'innombrables objets d'art, de délicieux marbres, des armures historiques, et surtout une admirable peinture, où Michel-Ange est représenté baisant la main de la belle Vittoria Colonna, étendue sur son lit de mort. Ce tableau est une de ces œuvres magistrales, en présence desquelles on se sent pris d'une irrésistible émotion, dont on ne peut s'arracher, et que l'on veut toujours revoir : le grand artiste est incliné avec respect ; une douleur muette, profonde, mais calme et contenue, pleine de réserve et de dignité, se lit sur sa mâle figure, qui se détache d'une manière saisissante de la robe blanche et du visage pâle et glacé de la noble dame, qu'il avait aimée d'une affection toujours chaste.

Si l'on monte sur les hauteurs, plus élevées, de San Martino, le panorama y est plus étendu encore. On est là sur un des plus splendides belvédères du monde entier; toute la ville de Naples se déploie en amphithéâtre, baignée à la fois, et dans les eaux bleues de son incomparable golfe, et dans l'idéale pureté de sa lumineuse atmosphère. A droite s'élèvent le Pausilippe et le cap Misène; à gauche le Vésuve; en face, les montagnes de la Cava, de Castellamare et de Sorrente, et, à l'horizon, à l'entrée du golfe, se dessinent, au milieu de la mer, les îles d'Ischia et de Capri.

Mais, sur ce même belvédère, on rencontre aussi une merveille d'un tout autre genre, c'est la Chartreuse, c'est la perle de Naples, c'est une des perles les plus précieuses de toute l'Italie. On y est ébloui par une étonnante profusion de richesses, de trésors artistiques : peintures du Guide, de Ribéra, de Michel-Ange, de Caravage; mosaïques, d'une finesse, d'une grâce sans égales; incrustations des pierres les plus rares; décoration, ornementation d'un luxe inouï; rien n'a été épargné, ni le temps, ni l'argent ni le génie, tout a été mis en œuvre pour faire de cette église un monument digne d'une admiration sans réserve.

A l'autre extrémité de l'Italie, et près de Milan, il y a une autre Chartreuse plus vaste, plus étonnante encore peut-être ; c'est celle de Pavie, que nous avons visitée aussi : à Pavie, tout confond l'imagination, et la grandeur, et la magnificence de l'église, et le vaste développement des cloîtres, et le fini et l'incroyable perfection des moindres détails. Il y a là de simples devants d'autels, qui, à eux seuls, ont coûté vingt, trente années de travail et de patience à des artistes consommés ; de nombreuses générations d'hommes y ont dépensé leur vie, leur talent, leur génie.

Eh bien ! à Pavie comme à Naples, comme à Monreale, comme à Catane, ceux qui ont élevé ces prodigieux monuments, en ont été chassés ; ceux qui, pendant des siècles entiers, ont travaillé sans relâche, pour produire ces inimitables chefs-d'œuvre, qu'ils ont légués à leur pays, comme un splendide héritage de richesse et de gloire, ont été expulsés ! aussi un air de deuil et de tristesse plane sur ces admirables cloîtres, et assombrit ces merveilleuses églises, asiles autrefois de la vertu, de la science et de la prière, et aujourd'hui, déserts, abandonnés, sans objet, ou transformés en musées et en casernes !...

« *Viæ Sion lugent... et ipsa oppressa amaritudine.* »

Mais éloignons ces affligeantes pensées ; voici l'heure du départ pour le Vésuve. Il y a vingt ans, j'en avais déjà fait l'ascension ; à cette époque, on allait à cheval ou à mulet, par un petit sentier très étroit, jusqu'à la base du cône, au sommet duquel s'ouvre le cratère. Arrivé à la base de ce cône, il fallait le gravir à pied ; j'avais mis une heure et demie pour faire cette pénible montée, enfonçant dans la cendre jusqu'aux genoux, grimpant avec les pieds, avec les mains, et avec tous les efforts dont j'étais capable.

Actuellement les choses sont bien différentes, un chemin de voiture a été tracé, au milieu des laves, jusqu'à la base du cône ; ce chemin est raide et difficile ; il nous fallut trois heures, traînés par deux robustes chevaux, pour en gravir les pentes et les circonvolutions. Au pied du cône, à l'endroit même où s'arrête la voiture, commence ce que l'on appelle le chemin de fer, lequel, en réalité, n'est qu'une sorte d'échelle. Cette échelle, fixée sur les flancs du cône, et presque verticale, a 850 mètres de hauteur ; son extrémité supérieure était perdue dans les nuages, nous ne pouvions pas l'apercevoir. On nous plaça, avec sept guides, dans une espèce de chariot, et, à un signal donné, nous nous élevâmes dans les airs. Ce ne fut pas sans quelque émotion que nous nous sentîmes monter ainsi, sans aucune puissance de traction apparente, et que nous

nous vîmes, comme suspendus dans le vide, au milieu de l'espace, à d'effroyables hauteurs. L'histoire du téméraire et malheureux Icare nous revenait à la mémoire, saisissante d'apropos, de couleur locale et d'actualité. A moitié chemin de notre ascension, nous fûmes croisés par un chariot semblable au nôtre, accroché au même câble, et qui, lancé d'en haut, sur une pente presque verticale, nous donnait, par la puissance même de sa force descendante, la force ascensionnelle dont nous avions besoin. Après dix ou quinze minutes de ce voyage aérien, nous étions arrivés au sommet de l'échelle, mais pas encore au sommet du volcan. Il y avait encore à monter pendant une demi-heure, et c'était la partie la plus difficile. Ma courageuse compagne fut hissée sur les épaules de quatre guides; on me passa, à moi, une corde de traction autour des reins, un guide s'y attela, pendant qu'un autre me poussait par derrière. Le guide chef dirigeait le mouvement et ouvrait la marche; c'est ainsi que, portés, tirés et poussés, trébuchant à chaque pas, au milieu des cendres et des scories du volcan, nous parvînmes enfin sur le plateau.

Il y faisait un froid noir; un nuage épais nous enveloppait, et nous morfondait de son humidité pénétrante; tout autour de nous jaillissaient des colones d'une fumée sulfureuse, qui nous suffoquait, nos pieds étaient brûlés par les laves

sous lesquelles couvait le feu souterrain ; outre
la fumée, le grand cratère lançait des pierres
calcinées ; son voisinage était dangereux ; nous y
étions transis par un vent piquant et glacial,
mouillés par les nuages, aveuglés par la fumée,
asphyxiés par les vapeurs de soufre, et courant
le risque d'être assommés par les projectiles vomis
par le volcan. La position n'était pas tenable ;
nous la quittâmes au plus vite ; emportés par
notre petit chariot, notre descente fut une dé-
gringolade ; nous traversions les nuages, comme
un ouragan, comme une avalanche, comme une
coulée de laves.

En dix minutes nous fûmes au bas du cône, et,
bientôt après, installés dans un restaurant, témé-
rairement construit, à une si grande hauteur, sur
les scories mêmes, et sur les flancs redoutables
et toujours menaçants du volcan. Un excellent
déjeuner, arrosé de *lacryma Christi*, nous ré-
chauffa, et nous remit de nos émotions.

Nous regagnâmes notre voiture ; à mesure que
nous descendions les pentes de la montagne, l'air
devenait moins vif et moins froid ; nous avions
quitté les nuages, nous en étions sortis, nous les
avions laissés derrière nous, en haut et au-
dessus de notre tête ; à nos pieds, le temps
était pur, l'atmosphère translucide ; l'admirable
panorama de Naples se déroulait sous nos yeux,
avec des perspectives toujours nouvelles, à chaque

détour du chemin. La ville, le golfe nous apparaissaient, tantôt isolés, tantôt réunis dans un seul et même tableau ; c'était enchanteur.

En présence de cette nature si grande, si splendide, il semble qu'on devrait s'arrêter, et se dire, comme les disciples, sur le Thabor : « *bonum est nos hic esse*, restons ici, « C'est assez, nous n'irons pas plus loin ! » — Mais non, un voyage est l'image de la vie ; les étapes du voyage se succèdent rapides comme les jours de notre existence ; elles nous emportent et nous mènent, de l'une à l'autre, comme les heures du matin nous mènent aux heures du soir, comme la journée présente nous mène à celle du lendemain ; il faut marcher, et continuer sa route.

Ainsi va la vie humaine, toujours mobile, toujours agitée, courant, sans relâche et sans repos, de son berceau à sa tombe, comme l'eau du fleuve, qui coule, sans s'arrêter, de sa source, à l'Océan où elle disparaît et se perd. Ainsi va le voyageur ; l'insatiable besoin de Voir l'entraîne, le pousse, sans trêve et sans merci ; la soif d'é_motions, toujours nouvelles et toujours plus vives, l'attire avec une irrésistible puissance, et le temps qui passe trop vite l'emporte sur son aile rapide et fugitive.

LA SICILE

Il est cinq heures, nous montons à bord du *Marco-Polo*, de la compagnie Floriot, en partance pour Palerme. Nous aimons à jouir, par avance, des charmes que nous promet une traversée de seize heures. Qu'y a-t-il de plus poétique qu'une belle nuit d'automne en pleine Méditerranée, dans ces parages du Midi? le ciel est d'azur et constellé d'étoiles; les caresses et la fraîcheur de la brise font oublier les ardeurs de la journée; la mer phosphorescente a de longs sillages de feu et de fantastiques scintillements. Tous ces beaux rêves nous berçaient délicieusement, tandis que le *Marco-Polo* filait sur les eaux du golfe, calmes et tranquilles....... Mais le vent se lève, la houle se fait sentir, les vagues grossissent, s'amoncellent, secouent le paquebot, qui, devenu leur jouet, oscille, se balance, s'incline en tous sens. Alors, sous la double et nauséeuse influence du tangage et du roulis, plus d'entrain, plus de gaieté, plus de séduisantes images, adieu la poésie de la mer..... ce ne sont plus, parmi les passagers, que plaintes et gémissements, angoisses et douleurs.

Le lendemain matin, à huit heures, nous sommes en vue de la Sicile; elle s'annonce de loin, par des montagnes pittoresquement découpées, de teintes jaunâtres et sans végétation; le monte Pellegrino les domine toutes de sa masse énorme et de sa cime pointue. Bientôt, à sa base, se dessine la ville de Palerme, les tours, les flèches de sa cathédrale et de ses nombreuses églises, son château royal, ses monuments et ses maisons. Enfin, à neuf heures, nous débarquons, et, dans un élégant landau, nous suivons un large quai planté d'arbres.

Tout d'abord nous sommes frappés de la forme et de la manière d'être bizarres des voitures : les chevaux ont la tête ornée d'un gros panache de laine rouge; les panneaux, peints à fresques, representent des scènes de l'Écriture sainte, ou des faits se rattachant à la vie de tel ou tel personnage populaire dans le pays, du bon roi Roger, par exemple. Nous passons ainsi en revue l'Ancien et le Nouveau Testament, et l'histoire de la Sicile, tout en nous rendant à la *Trinacrie*, très bon hôtel sur le bord de la mer, chambres irréprochables, service parfait, table excellente.

La Sicile, a été jusqu'à ce jour peu visitée; elle était nouvelle pour nous, aussi notre curiosité se trouvait vivement excitée ; nous l'avons parcourue presque dans toutes ses parties : nous avons exploré son intérieur, peu connu et objet d'épouvante, à cause des brigands ; nous l'avons traversée, du nord au sud, de Palerme à Girgenti, l'ancienne Agrigente, et du sud à l'est, de Girgenti à Cattanisetta, à Catane et à Messine : l'aspect, la physionomie de cette grande île, si fameuse à toutes les époques de l'histoire, varient suivant ses différentes régions.

Dans les environs de Palerme, c'est la terre promise, le paradis terrestre, la *concha d'Oro*, la conque d'or ; c'est une plantureuse et profonde vallée, encadrée par une mer d'un bleu d'azur, par le monte Pellegrino, et d'autres montagnes encore, auxquelles le soleil a donné une belle couleur dorée ; toute cette vallée n'est qu'une forêt d'orangers et de citronniers, et, à l'époque de la floraison, leur parfum se répand dans toute la ville de Palerme. Ce sont, d'un autre côté, de magnifiques jardins, où l'on se promène au milieu de massifs de camélias, de lauriers-roses, de géraniums en arbres, de lianes, de bambous, et à l'ombre de palmiers, de bananiers et de dattiers, véritable végétation tropicale, inconnue à notre climat, et qui nous fait rêver que nous sommes sur quelque plage lointaine de l'Amérique.

De Catane, à Taormina et à Messine, ce sont encore d'immenses plantations d'oliviers, d'oran-

gers, de figuiers, de cactus, de vignes en berceaux ; c'est comme un jardin qui s'étend à perte
de vue et à l'infini.

La Sicile est essentiellement montagneuse ; c'est
la nature la plus tourmentée, c'est le sol le plus
mouvementé, le plus bouleversé que l'on puisse
imaginer. L'Etna, couvert de neiges éternelles,
du milieu desquelles se dégage une colonne de
fumée sulfureuse, domine toutes les autres sommités. Dans l'intérieur de l'île, tout est sévère,
grandiose et sauvage. C'est une succession non
interrompue de rochers, de montagnes, de vallées
étroites et profondes, de gorges et de ravins, c'est
un pays fait pour les brigands.

Parmi ces montagnes, les unes sont plantées
d'oliviers, d'amandiers, d'aloès et de cactus ; les
autres, et ce sont les plus nombreuses, sont nues,
sans aucune verdure, pas un arbre, pas un brin
d'herbe. Du mois de janvier au mois de mai, elles
sont au contraire couvertes de la plus riche végétation, car le sol est d'une excessive fertilité ; c'est
toujours cette même Sicile, autrefois le grenier
de Rome, et sa vieille fécondité ne s'est pas
épuisée. Dans les Romagnes, auprès de Ferrare,
nous avions vu 14 bœufs attelés à la même charrue,
dont le soc, profondément enfoncé dans la terre,
l'ouvrait et la retournait péniblement en couches
larges et épaisses. En Sicile les labours sont moins
dispendieux, plus simples et plus faciles ; il suffit

d'entamer légèrement la couche la plus superficielle de la terre ; aussi la charrue, tout à fait ru-
dimentaire, n'est qu'une sorte de pointe, ou
d'éperon de fer, fixé à une tige de bois ; les sillons
sont à peine visibles et à peine indiqués ; le fu-
mier est inutile ; tout vient, tout pousse, tout se
développe, avec une merveilleuse rapidité ; la
moisson se fait en mai ; à partir de ce moment,
tout est brûlé par un soleil dévorant ; il ne pleut
presque jamais, et la terre reste aride et dessé-
chée, comme nous la voyions à la fin de sep-
tembre.

On trouve souvent, sur le bord des chemins,
sur les rochers les plus incultes et les plus désolés,
d'énormes aloès, dont la tige, élancée et droite
comme un cierge, se termine par un bouquet de
fleurs ; on trouve aussi de gigantesques cactus. Ce
bizarre et grimaçant végétal (*Cactus opuntia*), a
l'aspect le plus singulier. Ses tiges, ses branches
sont constamment contournées et tordues sur
elles-mêmes ; on les dirait en proie aux convul-
sions épileptiformes les plus violentes et les plus
désordonnées ; ses feuilles, d'un tissu épais et spon-
gieux, sont larges, arrondies et ressemblent à des
raquettes ; elles sont, comme tout le reste de l'arbre, hérissées de redoutables épines. Sur tout leur
pourtour, sont implantés, comme une couronne,
comme une auréole, des fruits, d'un jaune rou_
geâtre, de forme olivaire, et de la grosseur d'un

œuf de poule, c'est la figue de Barbarie. Ces fruits sont dangereux à manier, car ils sont hérissés de milliers de petites épines, à peine visibles, mais très acérées, qui pénètrent dans la peau, et dont on a mille peines à se débarrasser ; nous en avons été, pour notre part, très incommodés. Ils ne sont pas non plus sans danger, au point de vue alimentaire, car ils contiennent une multitude de pepins, qu'il est difficile de ne pas avaler, et dont l'accumulation, dans les organes de la digestion, peut produire des obstructions gastro-intestinales ; leur pulpe a la couleur brunâtre, la consistance molle, et la saveur fade et douceâtre d'une nèfle, ou d'une poire blette.

Dans l'intérieur de la Sicile, on n'aperçoit ni villages, ni fermes, ni maisons isolées ; c'est à se croire dans un désert inhabité. Les villages sont relégués, dissimulés et perchés sur le sommet des montagnes. De loin en loin, on voit passer une caravane de paysans drapés dans de grands manteaux ; jamais ils ne vont à pied ; ils sont toujours montés sur des ânes, et quelquefois il y en a deux et même trois à cheval sur le même âne. Le pays est sec, presque sans eau, et, par conséquent, presque sans oiseaux.

Dans une partie de l'île, et principalement entre Girgenti et Cattanisetta, on respire une odeur sulfureuse, et on voit, de place en place, sortir de terre une colonne de fumée : ce sont

des mines de soufre. La Sicile est, nous le croyons
du moins, le seul pays du monde où l'on trouve
le soufre. Dans la mine, le soufre est mélangé à
plusieurs substances étrangères, à de la terre, à
de la pierre; or, pour l'isoler, on le soumet à
l'action du feu. Le soufre fond, s'écoule et tombe
à l'état liquide dans des moules en terre cuite, où
il se solidifie sous la forme de pains ou masses
dures, d'un beau jaune, représentant des carrés
longs. Dans cette opération, une partie du soufre
se perd; elle est transformée en acide sulfureux
qui se vaporise et se dégage en fumée blanchâtre.

Ce dégagement d'acide sulfureux dans une
vaste région a deux inconvénients : le premier,
c'est de déterminer chez les ouvriers une irritation des voies aériennes. Cette irritation, permu-
nente et continue, développe et entretient dans
le larynx et dans les bronches, de la congestion
et de l'inflammation, qui se traduisent par de la
dyspnée et par une toux habituelle et opiniâtre
que rien ne peut calmer. Les accidents les plus
sérieux, et pour la santé générale et pour les
fonctions respiratoires en particulier, en sont la
conséquence : amaigrissement, anémie, altéra-
tion de la voix, catarrhe bronchique, hémop-
tysies, phthisie pulmonaire et laryngée. Tels sont
les accidents auxquels sont exposés, et que subis-
sent ceux qui travaillent aux mines de soufre.

Le second inconvénient de cette industrie, et

spécialement du dégagement dans l'air des vapeurs d'acide sulfureux, a son retentissement sur la végétation des terrains environnants. Ces terrains deviennent improductifs et sont frappés de stérilité par le fait des vapeurs sulfureuses. Aussi toute la région minière est navrante à voir : c'est le désert, la tristesse et la désolation dans la nature; c'est la dégradation des forces, l'émaciation, la cachexie, la tuberculose, chez les malheureux ouvriers qui n'ont pas quitté leur dangereux travail, avant que des désastres irréparables aient eu le temps de se produire.

Quoi qu'il en soit, le soufre est une des plus grandes richesses de la Sicile; elle en expédie d'immenses quantités dans tous les pays du monde; les gares de chemins de fer, les ports d'embarquement et en particulier le port de Messine, en sont encombrés.

L'industrie soufrière n'est pas la seule cause malfaisante dont l'influence se fasse sentir sur la constitution et sur la santé des Siciliens. Leur hygiène laisse presque partout beaucoup à désirer. Le défaut de propreté que nous avions noté à Naples et dans ses environs se retrouve en Sicile, et d'une manière encore plus prononcée! En général, les gens de la classe ouvrière, les femmes surtout, sont mal vêtus, mal nourris, mal logés. Leur extérieur est sale et dégoûtant, leur teint livide et terreux, leur constitution chétive et malingre ; nous avons vu, parmi eux, un grand nombre de difformes, de rachitiques et de scrofuleux. Il paraît que la conscription militaire a de la peine à trouver, en Sicile, le nombre d'hommes valides nécessaire pour le recrutement de l'armée.

Les enfants ne sont presque pas vêtus, et pas du tout lavés ; leur apparence est misérable et sordide. Les rues ne sont souvent que des repaires d'immondices, et les habitations, des foyers de saleté, d'air vicié et de toutes les émanations, auxquelles donne lieu l'encombrement, dans les logements les plus défectueux et les plus mal construits.

A Girgenti, nous n'avons pas pu nous décider à passer la nuit dans la chambre mise à notre disposition par le premier et le meilleur hôtel de la ville. A Cattanisetta, il fallut que nous eussions un bien grand besoin de manger, pour accepter le dîner qui nous fut servi, et un besoin bien impérieux de repos, pour nous décider à nous coucher dans les lits qui nous furent présentés, et cependant nous étions dans l'hôtel le mieux tenu de la ville. A Catane, les quartiers pauvres sont inabordables.

A Messine, nous allâmes visiter le temple de Neptune, situé en dehors de la ville et sur le bord de la mer. Nous suivions la rive sicilienne du détroit, nous dirigeant vers le nord, du côté des écueils de Charybde et de Scylla, si fameux dans l'antiquité. Sur la rive italienne, se dressaient les montagnes de la Calabre, pittoresquement découpées, et sur leur flanc se déployaient en amphithéâtre les villes d'Aspromonte et de Reggio. De nombreux navires, toutes voiles dehors, sillonnaient les eaux bleues et mouvantes du détroit; c'était un splendide panorama. Mais si, détachant nos yeux de ces admirables perspectives, nous les portions vers les maisons qui bordent le quai, nous y trouvions de tout autres impressions. Il y avait, sur toute la longueur de la voie, une population hideuse; des enfants malpropres, à moitié nus, au teint pâle et fané, nous regardaient passer; des femmes, vêtues de haillons, tricotaient au milieu d'immondices de toutes sortes, dans des chambres, ou plutôt dans des bouges sans air et sans lumière; des représentants de l'espèce porcine, des cochons noirs, de tous les âges et de toutes les grosseurs, allaient et venaient, mangeaient et grouillaient en famille avec les enfants et les poules, dans l'intérieur des habitations où ils se sentaient chez eux. Quel contraste entre cette nature si riche et si belle, et cette race humaine si misérable et si laide!

Ce défaut d'hygiène, que l'on observe si souvent en Sicile, exerce une incontestable et désastreuse influence sur la force, la vitalité et la constitution de la population. Des règlements sages et sévères auraient facilement raison d'un pareil état de choses; le soin et l'amélioration de la santé publique imposent à l'administration d'urgentes et d'importantes réformes.

Ces considérations ne sauraient s'appliquer, hâtons-nous de le dire, à la classe aisée. Elle est, en Sicile, aussi distinguée et aussi élégante dans son éducation, dans ses habitudes et sa manière d'être, que partout ailleurs. Messine et Catane ont des quartiers magnifiques, de larges et longues rues bien bâties, des magasins luxueux, des hôtels confortables et parfaitement tenus; les habitants de ces quartiers-là ne laissent rien à désirer.

Palerme est une ville superbe, une grande et belle capitale ; elle a le cachet espagnol; ses principales rues, propres et spacieuses, se coupent à angle droit ; ses maisons ont presque toutes des balcons ; elle a de vastes places, de splendides jardins, de larges quais sur la mer, dont l'un, planté de beaux arbres, s'appelle la promenade marine. La population est active, avenante, irréprochable; elle a même un air de fierté remarquable, surtout chez les hommes. L'œil est partout satisfait. On n'y voit pas, comme à Naples, cette foule débraillée, sale et mendiante, ni ces disgracieuses voitures, qui semblent toujours prêtes à tomber en arrière, et qui sont traînées par un cheval, un âne et une vache, marchant de front, piteux attelage qui s'en va la tête baissée, et que l'on conduit misérablement au bâton, sans bride et sans guides. Les voitures de Palerme, nous l'avons déjà dit, sont au contraire d'une piquante originalité, par leurs peintures historiques et religieuses et leurs chevaux empanachés.

Tel est, rapidement esquissé, l'aspect général de la Sicile ; mais ne nous arrêtons pas à cette vue superficielle et d'ensemble ; pénétrons dans les détails ; nous y trouverons des beautés de premier ordre, dans tous les genres.

La cathédrale de Palerme, dédiée à sainte-Rosalie, patronne de la Sicile, est un vaste édifice des onzième et douzième siècles. Sa façade principale, de style mauresque, se déploie majestueusement, surmontée de plusieurs tours et campaniles. Le temps, au lieu de l'avoir assombrie, comme les monuments de notre climat humide, froid et brumeux, par une teinte de vétusté triste et noirâtre, l'a enrichie, grâce à une atmosphère toujours pure et toujours échauffée par un soleil ardent, d'une belle couleur jaune doré, qui lui donne, malgré ses huit cents ans d'existence, un air de radieuse et de perpétuelle jeunesse.

Du château royal, situé sur le point culminant de la ville, on a une vue étendue sur la mer et sur tous les environs. Ce château, intéressant par ses appartements et son ameublement historiques, où chaque époque, chaque gouvernement ont laissé leurs souvenirs, leur empreinte et leur caractère, retracés par des objets soigneusement conservés, possède une admirable chapelle, bâtie au douzième siècle, par le roi Roger ; cette chapelle, d'une richesse éblouissante, complètement revêtue de mosaïques, est soutenue par des colonnes de porphyre, d'albâtre, et des marbres les plus rares.

Les églises sont nombreuses, et remarquables en général par leur somptueuse ornementation ; la plus riche de toutes est celle des Jésuites : l'or, les pierres précieuses, les mosaïques, les marbres les plus variés, la peinture, la sculpture, toutes les délicatesses artistiques les plus ingénieuses, tout y a été prodigué.

A une lieue de Palerme, se trouve la ville de Monreale, bâtie sur le sommet d'une colline, d'où le plus magnifique panorama se déploie : la mer, la ville de Palerme tout entière, la vallée de la Conque-d'Or, avec ses bois d'orangers et de citronniers, toutes les montagnes environnantes avec leurs teintes dorées, apparaissent à la fois, dans un même tableau que l'on ne peut se lasser d'admirer.

La cathédrale de Monreale, du même style que Saint-Marc de Venise, est un merveilleux monument d'architecture grecque et sarrasine du onzième siècle. Ses vastes proportions, son caractère grandiose, sa magnificence étonnent et charment les yeux ; ses mosaïques sont de la plus imposante beauté.

A côté de cette splendide basilique est un couvent de Bénédictins dans une admirable situation, au-dessus de la vallée de la Conque-d'Or ; le cloître de ce couvent est encore une merveille ; il est soutenu par 216 colonnes des plus beaux marbres : toutes ces colonnes sont sculptées, ciselées, fouillées avec un art et une délicatesse infinis, et suivant un type et un modèle qui varient pour chacune d'elles. Actuellement les Bénédictins sont dépossédés de tous ces chefs-d'œuvre, glorieux et inimitables ouvrages sortis de leurs mains ; cloître et couvent ne sont plus qu'une caserne.

« Sic vos non vobis nidificatis aves ! »

Partis de Palermes, à quatre heures du matin, en chemin de fer, nous arrivons, vers onze heures, à Girgenti, après avoir traversé la Sicile du nord au sud. L'ancienne Agrigente est bâtie sur un sommet très élevé, inaccessible à la voie ferrée, on n'y parvient qu'en voiture et par des pentes raides qu'il faut gravir lentement. La ville moderne est sale, mal construite, ses rues sont escarpées et tortueuses ; son point culminant est occupé par la cathédrale : c'était un dimanche, nous y avons assisté à la messe. Malgré la chaleur, toutes les femmès avaient la tête couverte d'un long et épais châle de laine.

Du perron de la cathédrale, on se trouve en présence d'un de ces panoramas saisissants, dont le charme irrésistible captive les yeux : c'est un pays profondément bouleversé, entrecoupé de montagnes et de précipices, de collines et de ravins. C'est un désert, d'une teinte jaune et uniforme, parsemé d'amandiers, de cactus et d'aloès, et qui, à l'horizon, se noie dans une mer d'un ravissant bleu de ciel. Au milieu de ce désert immense, bien bas dans la vallée, entre la ville et la mer, et sur les mamelons de ce sol tourmenté, on aperçoit, dans le lointain, des ruines, ce sont des temples grecs, qui datent de 500 ans avant Jésus-Christ, ils ont survécu à l'antique Agrigente et nous représentent les magnifiques débris de sa splendeur ; une voiture nous y conduit.

Il y a quinze ans, à notre retour de Constantinople, nous avions visité Athènes, l'Acropole et le Parthénon ; or les ruines d'Agrigente nous ont frappé davantage : leur isolement dans ce désert, dans ce pays étrange, abandonné, sans habitants, à chemins escarpés, creusés et ravinés, leur donne un aspect plus imposant et d'une grandeur incomparable. Le soleil, toujours brillant, les a dorés, comme il a doré le Parthénon et la cathédrale de Palerme.

Cette belle couleur d'or s'harmonise avec

la teinte de tout le paysage, et se détache ma-
gnifiquement de l'azur de la mer, et de l'azur
du ciel. C'est avec émotion que nous avons exploré ces ruines, que nous avons contemplé ces
statues colossales gisant à terre, et ces énormes
colonnes, toujours solides et inébranlables ; c'est
avec un sentiment de respect et de mélancolique
recueillement, que nous avons gravi ces marches, sur lesquelles tant de générations ont passé,
que nous avons erré sous ces portiques, et pé-
nétré dans ces temples, témoins de tant d'événements, et toujours debout, victorieux du temps
et des hommes, après deux mille ans d'existence !

En quittant ces grandeurs du passé, nous tom-
bons, à Cattanisetta, dans toutes les décadences
d'un présent dégénéré.

A Catane, les fenêtres de notre chambre s'ou-
vrent sur l'Etna ; de notre lit, nous voyons sa
masse imposante ; des neiges éternelles couvrent
son sommet, qui s'embrase au soleil levant, et
prend les teintes ardentes d'un rouge de feu,
c'est un merveilleux tableau.

Catane est une grande et belle ville ; ses larges
rues, ses maisons élégantes ; sa vaste cathédrale,
dédiée à sainte Agathe, dans les caveaux de laquelle coule une rivière souterraine ; son pittoresque jardin de Bellini ; son magnifique couvent
de Bénédictins, actuellement une caserne, et
l'admirable église qui en dépend, tout cela n'est

qu'un superbe et téméraire défi porté à l'Etna. Le terrible volcan est là, toujours fumant, toujours menaçant, ses coulées de laves étreignent la ville de tous les côtés. En 1669, elles ont fait périr 18,000 habitants, renversé plus de 300 maisons, écrasé l'ancienne citadelle, sous leur épaisseur de plus de 20 pieds ; elles se sont précipitées jusque dans la mer, en ravageant, en ruinant, sur leur passage, toutes les campagnes. Elles sont, et seront toujours là ; nous les avons vues ; elles ressemblent à de sinistres et noirs torrents, à des fleuves de dévastation ; leur flot envahisseur ne s'est arrêté qu'après avoir accompli son œuvre de destruction, et, sans un miracle de sainte Agathe, dont le souvenir est retracé par un tableau saisissant, il aurait anéanti la ville tout entière.

Le chemin de fer nous mène et nous dépose à la station de Giardini Taormina. Nous sommes là au bord de la mer, et au pied d'un rocher vertical de 700 mètres de hauteur, qu'il s'agit d'escalader ; la chaleur est accablante ; heureusement deux aimables Anglais nous invitent à prendre place dans leur voiture, et c'est en leur compagnie que nous gravissons, sous un soleil brûlant, implacable, et pendant une heure au moins, les rampes en zigzag, et taillées dans le roc, qui nous conduisent à Taormina.

Cette petite ville, d'un abord si difficile, et

bâtie au sommet d'un rocher, est propre ; elle a un hôtel parfaitement tenu, excellent ; on y jouit d'une vue admirable ; nous aurions voulu pouvoir y séjourner ; mais ce n'étaient pas les délices de Capoue que nous cherchions, nous poursuivions un tout autre but.

La ville de Taormina, déjà si élevée, et qui domine la mer de si haut, est dominée, à son tour, par un rocher, sur le sommet duquel est un théâtre grec. C'est là qu'il nous faut aller ; nous y montons à pied, sous la conduite d'un guide, nous nous rappelions la pittoresque description que nous en avait faite, autrefois, rue d'Enfer, nº 27, le docteur Paul Durand qui l'avait visitée au retour d'un de ses voyages en Orient. Nous voulions voir ce monument antique que notre confrère, si savant, et en même temps artiste si distingué, avait vu, dont il avait été si vivement impressionné, et dont, tout dernièrement encore il nous avait parlé avec tant d'enthousiasme.

Mon cher Paul Durand, mon excellent ami depuis bientôt quarante ans, quand ces lignes vous arriveront, à Chartres, auprès de votre belle cathédrale, qui couvre de son ombre votre petite et hospitalière maison, où l'on est si bien accueilli, et par vous et par votre digne compagne, elles vous diront que votre souvenir nous a suivis sur le rocher de Taormina. Nous avons admiré la grande et magnifique ruine, que vous aviez admirée plus rente ans avant nous, de ce théâtre, construit primitivement par les Grecs, et agrandi ensuite par les Romains. Comme vous, nous nous sommes promenés sur ses nombreux gradins, sur lesquels pouvaient s'asseoir 25,000 spectateurs; comme vous, nous avons parcouru ses galeries supérieures, du haut desquelles on nous a montré les places réservées pour les proconsuls, pour les sénateurs, pour les musiciens. Comme à vous, on nous a fait voir, à l'extrémité de la scène, une large ouverture cintrée; pendant le spectacle, elle était fermée d'un rideau, et, quand ce rideau s'ouvrait, l'Etna apparaissait, dans sa majestueuse beauté, comme fond de tableau, et comme le plus grandiose des décors, aux yeux éblouis des spectateurs.

Mais, vous nous l'aviez dit, ce théâtre si intéressant, si magnifique qu'il soit par lui-même, par ses vastes proportions, par son origine, par son état de conservation, l'est encore davantage par sa situation, en vue d'un panorama dont rien ne peut donner une idée. C'est une de ces perspectives idéales, que l'imagination n'aurait jamais pu se figurer, et dont le souvenir éveille un enthousiasme que le temps ne saurait affaiblir. En face de nous, sur un premier plan et à nos pieds, la ville de Taormina; plus bas et plus loin, le promontoire de l'antique Naxos; plus loin encore Catane, et, tout à fait à l'horizon, le cap sur lequel est bâtie Syracuse, la ville d'Archimède; au-dessus de notre tête, des rochers abruptes, sauvages, qui semblent inaccessibles, et, au sommet desquels cependant est perché, comme un nid d'aigle, le village de Mola; à droite, l'Etna, le géant de la Sicile; à gauche la mer Ionienne, dont le bleu d'azur s'étend à l'infini, le détroit de Messine et les montagnes de la Calabre. Le ciel était si pur, l'atmosphère si limpide, et le soleil si radieux que tous les détails se détachaient merveilleusement dans cet immense et magnifique ensemble.

Nous étions là, tous les deux, absorbés dans cette contemplation magique, émus de la même émotion, et plus émus encore peut-être par le sentiment que nous avions du bonheur l'un de l'autre. Mais ce bonheur ne nous laissait-il rien à désirer? était-il parfait et sans mélange? — Non, car notre fils, nos frères, nos parents, nos amis, tous ceux que nous aimons et qui nous aiment, étaient absents, et leur absence était une ombre dans ce tableau, un nuage dans ce firmament; ils avaient nos pensées; leur nom, à tous, était dans notre bouche; mais ils n'étaient pas là, pour voir, pour admirer avec nous toutes ces merveilles; ils étaient loin, bien loin de nous, ils nous manquaient...... avec eux notre bonheur eût été complet.

De Taormina, nous gagnons Messine; afin d'éviter le mal de mer, nous traversons, en une heure et demie, le détroit; nous abordons à Reggio; de là, vingt-trois heures de chemin de fer, à travers les Calabres, nous amènent à Naples, en nous laissant admirer les délicieux sites de Salerne, d'Amalfi, de la Cava; de Naples, nous allons à Rome, la ville par excellence, qu'il faut toujours revoir; et, sans nous arrêter, de Rome à Paris.

FIN.

9 782013 671347